CB078006

CONTAGEM REGRESSIVA PARA A RIQUEZA

CONTAGEM REGRESSIVA PARA A RIQUEZA

21 DIAS DE HÁBITOS PARA ATRAIR PROSPERIDADE

Rhonda Byrne

HarperCollins

Copyright © 2025 by Making Good LLC.
A marca e o logo THE SECRET são marcas registradas de Prime Time US LLC.
Todos os direitos reservados.

Título original: *Countdown to Riches*

Todos os direitos desta publicação são reservados à Casa dos Livros Editora LTDA. Nenhuma parte desta obra pode ser apropriada e estocada em sistema de banco de dados ou processo similar, em qualquer forma ou meio, seja eletrônico, de fotocópia, gravação etc., sem a permissão dos detentores do copyright.

Todas as citações bíblicas, exceto quando mencionado, foram retiradas da *The Holy Bible, New International Version*®, *NIV*®. Copyright © 1973, 1978, 1984, 2011 by Biblica, Inc. Usadas com permissão. Todos os direitos reservados.

A citação de Eric Butterworth é do livro *Economia espiritual*. Reimpressa com permissão da Unity Books.

As citações de Norman Vincent Peale são dos livros *You Can If You Think You Can* e *Treasury of Courage and Confidence*. Reimpressas com permissão da Peale Foundation.

Jim Rohn é uma marca registrada de SUCCESS Enterposes LLC. Usada com permissão.

As informações contidas neste livro têm o objetivo de serem informativas e educacionais e não devem ser consideradas um substituto para aconselhamento profissional, jurídico, financeiro, empresarial ou de carreira. As práticas sugeridas devem ser usadas apenas como complemento a um plano financeiro racional, baseado em sua própria pesquisa e em consulta com um orientador de carreira, consultor de negócios, corretor de investimentos, planejador financeiro ou contador competente, conforme a situação exigir. O autor e a editora não se responsabilizam de forma alguma por qualquer uso indevido do material aqui contido.

TRADUÇÃO Laura Folgueira
PREPARAÇÃO Elisabete Franczak Branco
REVISÃO Laila Guilherme e Juliana da Costa
PROJETO DE MIOLO Diretor criativo Nic George e artista gráfico Josh Hedlund/ Prime Time US LLC.
ILUSTRAÇÕES A menos que indicado, as ilustrações são de Nic George e Josh Hedlund. Ilustrações nas p. 6, 22 e 96 © Oleksandr Moroz/stock.adobe.com; p. 32 Maksim Shebeko/stock.adobe.com; p. 69 © Jakub and Jedrzej Krzyszkowski/ Stocksy/stock.adobe.com; algumas imagens de notas de US$ 100 usadas em toda a obra são referenciadas ou adaptadas de arte © liza/stock.adobe.com.
DIAGRAMAÇÃO Estúdio dS
ADAPTAÇÃO DE CAPA Osmane Garcia Filho

Dados Internacionais de Catalogação na Publicação (CIP)
(Câmara Brasileira do Livro, SP, Brasil)

Byrne, Rhonda
Contagem regressiva para a riqueza: 21 dias de hábitos para atrair prosperidade / Rhonda Byrne; tradução Laura Folgueira. -- Rio de Janeiro: HarperCollins Brasil, 2025.

Título original: Countdown to riches.
ISBN 978-65-5511-761-5

1. Dinheiro - Administração 2. Lei da atração 3. Mentalidade positiva 4. Riqueza I. Título.

25-296798.0 CDD-158.1

Índice para catálogo sistemático:
1. Riqueza: Psicologia aplicada 158.1

Eliane de Freitas Leite - Bibliotecária - CRB 8/8415

HarperCollins Brasil é uma marca licenciada à Casa dos Livros Editora LTDA.
Todos os direitos reservados à Casa dos Livros Editora LTDA.

Rua da Quitanda, 86, sala 601A – Centro
Rio de Janeiro/RJ – CEP 20091-005
Tel.: (21) 3175-1030
www.harpercollins.com.br

Dedicado a
Savannah, Henley, River e Willow
(meus netos)

Que Contagem regressiva para a riqueza *inspire vocês a viver a melhor vida, cheia de prosperidade e alegria.*

Sumário

Introdução

Os problemas financeiros são causados por uma única coisa! Não são resultado de seu salário, da falta de recursos em sua conta bancária, da quantidade de dívidas que você tem ou de qualquer outra circunstância mundana. A dificuldade financeira é causada unicamente por seus pensamentos!

As circunstâncias atuais de sua vida são resultado daquilo em que você pensa e acredita. O dinheiro que você tem ou não, o salário que não é suficiente para o sustento, o saldo negativo da sua conta bancária – tudo isso é causado por pensamentos de *escassez*. Muitos de nós temos esses pensamentos, mas não é culpa nossa. Esses pensamentos de falta e *insuficiência* nos foram transmitidos quando crianças por nossos pais e pela sociedade com frases que nos eram ditas repetidamente: "Não temos dinheiro para isso", "Dinheiro não cresce em árvore", "Dinheiro não traz felicidade" ou até mesmo "Dinheiro é a raiz de todo mal". E as coisas são como pensamos.

Poucas pessoas na história de nossa civilização descobriram a enorme revelação e a liberdade contidas nestas palavras:

Nós existimos em um universo mental.

Nossos pensamentos são a causa de *tudo* o que vivenciamos, e o efeito deles são as circunstâncias de nossa vida.

A Lei Universal que rege nossos pensamentos tem sido chamada de muitos nomes ao longo dos séculos: lei do carma, lei da vibração, lei da atração, lei da polaridade, lei do mentalismo, lei do ritmo e lei do amor, para citar apenas algumas. Essa Lei Universal reage aos pensamentos de cada um. A lei diz: "Eu materializo seus pensamentos; eu lhe darei aquilo em que você pensar, não importa o que seja, nada mais, nada menos".

Tudo em nossa vida é precedido por um pensamento. As palavras que dizemos são precedidas por um pen-

samento, as ações que realizamos também são precedidas por um pensamento. E a Lei Universal responde incessantemente a esses pensamentos, replicando-os de forma exata, duplicando-os com precisão como uma máquina de xerox, de modo que tudo o que você pensa é o que aparece em sua vida. Aquilo em que você se concentra ou que fala, seja algo que você quer ou não quer, torna-se a circunstância da sua vida.

Para se tornar financeiramente livre, você precisa usar exatamente aquilo que antes impedia o dinheiro de chegar até você: seus pensamentos!

A Lei Universal não reage ao que está acontecendo em sua vida ou às suas circunstâncias atuais – apenas aos pensamentos que você está tendo *agora*.

Para ser financeiramente livre, você deve se libertar de uma vez por todas da mentalidade de escassez – uma mentalidade que infelizmente assola a maioria da população –, causada por pensamentos predominantes de falta de dinheiro. Para ser financeiramente livre, você precisa ter uma *mentalidade de riqueza*, o que significa ter pensamentos de abundância, exatamente como fazem as pessoas ricas.

Você só precisa dar *um passo*: pensar em ter muito dinheiro sem nenhum outro pensamento contraditório. É simples assim, mas, às vezes, não é fácil depois de uma vida inteira pensando o contrário. Entretanto, se você continuar a ter pensamentos de falta ou insuficiência de dinheiro, sua situação financeira não poderá mudar.

Sua mente tem que se tornar rica primeiro, produzindo pensamentos de riqueza, abundância, muito dinheiro e liberdade financeira, e então sua vida refletirá esses pensamentos. E, quando você cumprir essa etapa, a Lei Universal mudará suas circunstâncias financeiras, movendo a energia das pessoas e dos acontecimentos para refletir sua nova maneira de pensar.

SUA
MENTE
PRECISA SE
TORNAR
RICA
PRIMEIRO.

A vida é muito simples quando entendemos como ela funciona. Para mudar qualquer coisa em sua vida, pense no que você quer em vez de pensar em como as coisas são – isso se a maneira como as coisas são não for o que você quer! Decida que sua vida vai mudar em relação ao dinheiro – que já basta de lutar e não ter o suficiente. De agora em diante, você escolherá pensamentos de muito dinheiro e será financeiramente livre!

Um amigo meu queria manifestar riqueza e um estilo de vida abastado, então planejou e visualizou durante anos. Sua situação financeira definitivamente melhorou com o passar dos anos, e ele recebeu grandes somas em várias ocasiões. Mas, aí, a *grande* manifestação aconteceu, e essa manifestação significou riqueza e prosperidade além de sua imaginação. Ele agora entende mais profundamente do que nunca a importância de *pensar e sentir como se já fosse rico*. Meu amigo me disse que, depois que enriqueceu, pôde ver como sua mentalidade de riqueza e seu estado de sentimento manifestam mais riqueza de forma contínua; ter riqueza atrai mais riqueza simplesmente porque ele *se sente rico* o tempo todo. Se meu amigo tivesse captado essa mentalidade mais cedo, poderia ter manifestado grande riqueza anos antes! E essa mentalidade é exatamente o que eu quero que você receba por meio deste livro.

A psicologia diz que são necessários 21 dias para criar um novo hábito em nosso subconsciente. Em *Contagem regressiva para a riqueza*, você vai passar 21 dias aprendendo a usar os pensamentos para mudar sua situação financeira. *Contagem regressiva para a riqueza* contém algumas das práticas mais simples e poderosas que se possa imaginar e que o ajudarão a pensar, falar, concentrar-se e visualizar a possibilidade de ter muito dinheiro. Mostraremos como mudar seu modo de pensar habitual de escassez para riqueza, a fim de que você possa, enfim, criar liberdade financeira em sua vida.

Vamos
começar a
CONTAGEM
REGRESSIVA
PARA A
RIQUEZA!

Dia 1

Sua lista de desejos

Se deseja eliminar a falta,
concentre-se na abundância.

Charles F. Haanel, autor

Se você não contradissesse os pensamentos sobre ter o dinheiro que deseja com pensamentos negativos sobre não ter dinheiro suficiente, receberia tudo o que deseja quase que imediatamente. Sejam pensamentos sobre o que você quer ou pensamentos sobre o que não quer, ambos se materializam igualmente em sua vida. O problema para muitas pessoas é que elas nem se dão conta da quantidade de pensamentos sobre o que não querem que estão tendo, e depois se perguntam por que a vida não lhes dá uma trégua. Se essa tem sido sua experiência, tudo está prestes a mudar. É simples assim:

Mude seus pensamentos – mude sua vida!

Hoje, quero que você crie uma lista de desejos e escreva tudo o que quer que esteja relacionado a dinheiro ou que custe dinheiro. Você deve ter pelo menos vinte coisas diferentes em sua lista, mas pode anotar quantas quiser. Não há limites para o que você pode pedir, e, como você verá, não há limites para o que pode receber. Podem ser coisas grandes ou pequenas, e é útil fazer uma mescla de ambas. Você pode querer ter mais dinheiro na conta bancária, um emprego com um salário específico, a quitação de dívidas, uma casa nova ou um carro zero, uma passagem aérea de primeira classe, um par de sapatos específico, um notebook ou um celular novo.

Você pode pensar nas várias áreas de sua vida, como seu corpo e sua saúde, seu trabalho, sua casa e seus hobbies. Pode pensar em lugares para os quais gostaria de viajar. Deseja ir a um determinado show ou jogo? Quer uma piscina? Um barco? Novos móveis, eletrodomésticos, roupas ou joias? Dar dinheiro a algum familiar ou alguma instituição de caridade?

É sua lista de desejos *dos sonhos* – é o que você compraria se dinheiro não fosse problema.

Ignore quaisquer pensamentos que apareçam sugerindo que seus desejos são demais ou impossíveis. É para ser divertido, e você deve se sentir muito bem ao fazer sua lista de desejos! Se não se sentir bem, pare por um momento e volte ao assunto quando estiver melhor. Sentir-se bem ao criar sua lista de desejos é importante para a manifestação.

Depois de concluir sua lista de desejos, acrescente o valor aproximado que acredita que cada item custará. Você pode pesquisar o preço ou simplesmente estimá-lo. Sua lista de desejos pode ser parecida com esta:

1.	Todas as dívidas quitadas	R$ 30.000
2.	Máquina lava e seca nova	R$ 2.900
3.	Quitar a dívida dos pais	R$ 7.000
4.	Carro SUV	R$ 130.000
5.	Viagem à Europa com a família	R$ 60.000
6.	Novo emprego com salário anual de 360 mil	R$ 360.000
7.	Saldo bancário mínimo de 50 mil	R$ 50.000
8.	iPhone	R$ 8.000
9.	Tênis de academia	R$ 700
10.	Casaco impermeável	R$ 300

E assim por diante, até chegar a, pelo menos, vinte itens.

É só isso que você precisa fazer hoje!

Divirta-se!

Dia 2

Transforme o dinheiro que sai em dinheiro que entra

Só há uma maneira de alcançar a prosperidade.
É assumindo o controle de sua mente.

Eric Butterworth, autor

Se falta dinheiro na sua vida, isso significa que está saindo mais dinheiro do que entrando. A principal causa disso é o foco constante na falta (em não ter o suficiente); a principal causa *não são* as circunstâncias externas, como quanto você ganha ou gasta. Se você mudar sua mentalidade de escassez para uma de abundância, essas circunstâncias, por exemplo, seu salário, quanto você gasta e toda a sua situação financeira, mudarão magicamente para refletir como você se sente por dentro.

A dificuldade pode estar no fato de que, quando não tem dinheiro suficiente, sempre que você desembolsa algum valor, há pensamentos negativos e um sentimento de resistência – "Não quero pagar isso", "Não vou mais ter dinheiro depois de pagar essa conta", "Meu dinheiro está diminuindo cada vez mais", "Estou constantemente sem dinheiro", "Como posso progredir desse jeito?". Esses pensamentos negativos e o sentimento de resistência impedem o dinheiro de chegar até você. Na verdade, esses pensamentos, e os sentimentos que os acompanham, não apenas impedem a entrada de dinheiro como fazem o oposto – criam mais cenários em que você tem de desembolsar ainda mais!

Saiba que
o Universo
tem maneiras
ilimitadas de
trazer dinheiro
para você.
Ilimitadas!

Abandone todas as crenças de que você só pode obter dinheiro por meio de seu trabalho. Infelizmente, é assim que a maioria das pessoas pensa, e, consequentemente, é a realidade delas, mas, no momento em que você abandona essas crenças e abre a mente, tudo muda. Seu emprego é apenas *uma das maneiras pelas quais* o Universo pode lhe trazer dinheiro. Abra sua mente para a possibilidade de que o dinheiro possa ser transferido para sua conta em mil circunstâncias diferentes e nunca imaginadas. Mantenha a mente aberta, porque receber muito dinheiro é apenas um estado de espírito!

A forma como isso acontecerá não depende de você – a Lei Universal cuida de tudo. Ela usará pessoas, circunstâncias e acontecimentos para corresponder ao seu pensamento e manifestar

os resultados. Seus pensamentos são energia; tudo no mundo material é feito de energia. A energia de um pensamento atrai automaticamente a energia de sua contraparte material para a fonte: você!

Não importa se um pensamento é verdadeiro ou não – você pode imaginar qualquer cenário que quiser, e a Lei Universal vai se apoderar dele. Ela não está reagindo ao que você vê no mundo material, mas ao que você *pensa*.

A prática de hoje é uma maneira poderosa de começar a mudar sua mentalidade para reverter completamente o equilíbrio entre a entrada e a saída de dinheiro. Quando aprendi sobre a lei que rege a mente, segui essa prática, que me ajudou a fazer uma mudança rápida e drástica em minha mentalidade financeira.

Quando for pagar qualquer coisa hoje, aproveite cada momento para fazer com que o dinheiro volte para você, *sentindo-se bem* ao pagar. E como você pode *se sentir bem* em relação ao dinheiro quando o gasta? Imaginando que, em vez de estar gastando, você está, na verdade, *recebendo* o dinheiro! Por exemplo: se você abastecer seu carro e o custo total for 50 reais, ao pagar, diga mentalmente (e sinta como se fosse verdade): "Mais dinheiro para mim! Acabei de receber mais 50 reais!". Você também pode imaginar alguém lhe entregando o dinheiro, ver-se fazendo um depósito nesse valor em sua conta bancária, *agradecer* mentalmente pelo que acabou de receber ou dizer mentalmente *tlim-tlim!*, para representar o som de mais dinheiro entrando. Seja criativo e escolha palavras que o deixem

animado e sejam convincentes para você. Mantenha um registro dos valores que você recebe ao longo do dia e, no fim de cada dia, some-os. Veja o total e comemore mentalmente o recebimento dessa quantia hoje!

Quanto mais você fizer essa prática (e torná-la divertida!), mais fácil e mais crível ela vai se tornar. Depois de tentar algumas vezes, você vai passar para o próximo nível e acrescentar um zero ao valor. Por exemplo, ao pagar 85 reais no posto depois de ter abastecido o carro, adicione um zero extra, você receberia 850 reais. Faça o mesmo processo mental, sentindo-o o máximo que puder: "Mais dinheiro para mim! Obrigada! Acabei de ganhar mais 850 reais!". Se você estiver pagando a conta de energia elétrica e a fatura for de 120 reais, acrescente um zero, transformando o valor em 1.200 reais, e imagine que acabou de receber essa quantia. Ou, se comprar um café que custe 5 reais, imagine que acabou de *receber* 50 reais.

Inverta todas as circunstâncias em que você está gastando dinheiro para comprar ou pagar algo hoje e imagine que essa quantia está vindo *para você*!

Essa prática o ajudará a *se sentir bem* quando pagar qualquer coisa e, ao *se sentir bem*, você acelerará as forças universais para manifestar o dinheiro que imaginou.

Por mais simples e até infantil que seja essa prática, ela funciona! Pessoas ricas pensam e se entusiasmam sempre com o dinheiro que estão recebendo e nunca pensam na falta dele.

Continue com essa prática toda vez que pagar alguma coisa até o fim da leitura de *Contagem regressiva para a riqueza*. Se quiser que o dinheiro flua continuamente em sua vida, peço que faça isso de maneira permanente. Requer apenas um pensamento… mas é um pensamento que muda tudo.

Dia 3

Afirmações de riqueza

A crença na limitação é a única coisa que causa a limitação.

Thomas Troward, autor e juiz

Nossa mente está repleta de pensamentos e crenças que incorporamos ao longo da vida, e, agora, esses pensamentos e crenças controlam as circunstâncias de nossa riqueza – ou a falta dela. Muitas dessas crenças foram instaladas quando éramos crianças, quando acreditávamos automaticamente no que os adultos e a sociedade nos diziam. Se temos dificuldades com dinheiro, é porque ouvimos e internalizamos muitas dessas crenças quando éramos jovens – sobre não haver dinheiro suficiente, não poder comprar coisas, precisar trabalhar duro para conseguir o sustento e o dinheiro não vir facilmente. A Lei Universal que rege nossa mente diz que tudo em que acreditamos será o que vivenciaremos; portanto, é impossível vivenciar a experiência de ter muito dinheiro se tivermos essas crenças sobre a falta dele – mesmo que não sejam verdadeiras.

Nossa mente funciona como um computador, e nossas crenças são como os programas instalados nele. Como em qualquer computador, podemos facilmente alterar os programas que comandam nossa mente. E a maneira de mudar crenças é por meio do recurso que foi usado para instalá-las em nós: os pensamentos! Ao ter pensamentos opostos às crenças e repeti-los com frequência, podemos mudar todas as crenças negativas que "baixamos" inadvertidamente ao longo da vida.

Pensamentos deliberados repetidos várias vezes são chamados de afirmações, e hoje você vai escrever cinco afirmações sobre dinheiro em notas adesivas ou pedaços de papel e colá-los em alguns pontos em que possa vê-los com frequência (como no espelho do banheiro, na geladeira ou no painel do carro). Você pode escrever suas próprias afirmações específicas para suas metas financeiras ou usar estas cinco:

O dinheiro flui para mim com facilidade e sem esforço.

Recebo muito mais dinheiro do que gasto.

Eu mereço ter tudo o que quero, inclusive dinheiro.

O dinheiro gruda em mim.

Ter muito dinheiro é meu direito de nascença.

Então, esta noite, você iniciará uma prática. Vai dormir ouvindo minha voz enquanto leio afirmações sobre riqueza durante trinta minutos (no final deste capítulo, você vai encontrar as instruções para acessar a gravação das afirmações). Essa é uma das coisas mais eficazes que você pode fazer para mudar sua situação financeira, porque deixa no subconsciente pensamentos de ter mais dinheiro no momento em que você adormece – sem que nenhum pensamento contrário tenha a chance de entrar.

Essa prática incrivelmente poderosa deve ser mantida todas as noites pelos próximos dezoito dias. Embora o benefício máximo venha de ouvir as afirmações em um estado de relaxamento, se por algum motivo você não puder ouvir a gravação, leia as afirmações no fim deste livro.

LEMBRE-SE

Continue com a prática de transformar o dinheiro que sai em dinheiro que entra.

Ouça as afirmações de riqueza antes de dormir.

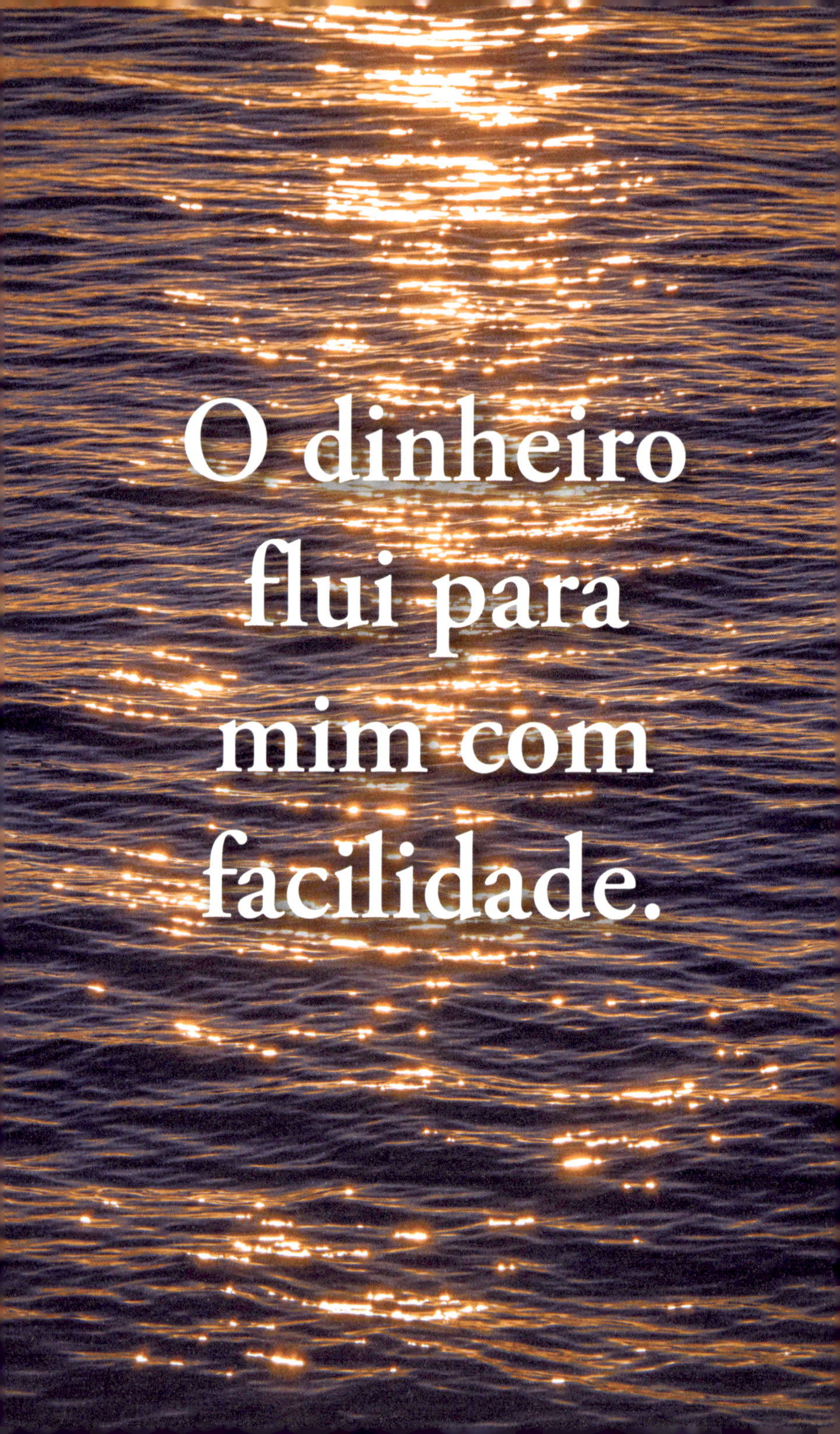

O dinheiro flui para mim com facilidade.

Escaneie o QR code abaixo com o smartphone e siga as instruções para fazer o download do aplicativo Wealth Affirmations.

Dia 4

Dia do "Eu quero"

O grande segredo para conseguir o que você quer da vida é saber o que quer e acreditar que pode conseguir.

Norman Vincent Peale, clérigo e autor

Do livro *O segredo*:

Uma epidemia pior do que qualquer praga que a humanidade já viu vem se propagando há séculos: é a epidemia do "não quero". As pessoas mantêm viva essa epidemia quando pensam, falam, agem e se concentram predominantemente no que "não querem". Mas esta é a geração que vai mudar a história, porque estamos recebendo o conhecimento para nos livrar dessa epidemia! Isso começa com você, que pode se tornar um pioneiro deste novo movimento do pensamento ao pensar e falar sobre o que deseja.

Deixe-me perguntar: você pensa e fala mais sobre o que quer ou sobre o que não quer? Porque a Lei Universal manifestará qualquer uma das duas coisas. Você fala mais sobre a abundância de dinheiro que gostaria de ter ou mais sobre a falta de dinheiro? Porque a Lei Universal manifestará aquilo do que você mais falar.

Você diz: "Minha compra de mercado ficou muito alta". Ou: "Hoje, comprei um monte de coisas com desconto!".

Você diz: "Não posso pagar por uma viagem de férias". Ou: "Eu quero tirar férias em breve e planejo ir para o Taiti".

Você diz: "Meu chefe nem considera me dar um aumento". Ou: "Sou muito grato por ter recebido meu salário hoje. Eu realmente gosto do meu trabalho".

Você diz: "O preço do combustível está insano". Ou: "Sou muito grato por meu carro exigir baixa manutenção".

Hoje, quero que você tente pensar e falar *apenas* sobre o que deseja (especialmente em relação a dinheiro, mas tente fazer isso para *tudo*). Essa prática pode mudar sua vida.

Quanto mais você treinar a mente para se concentrar no que deseja, mais rapidamente suas finanças vão mudar.

É mais eficaz ter alguém com quem possa fazer isso, para oferecerem ajuda mútua se um ou outro cometer um deslize. Caso contrário, peça à Lei Universal que o alerte sempre que você falhar. Peça: *"Mostre-me claramente se eu pensar ou falar sobre o que não quero"*.

Você também pode definir uma intenção: *"Hoje vou me concentrar exclusivamente no que quero e falar apenas sobre o que quero"*.

Se você *apenas*
pensasse e falasse
sobre o que quer,
seria somente isso
o que obteria.
Pense seriamente
a respeito!

LEMBRE-SE

Continue com a prática de transformar o dinheiro que sai em dinheiro que entra.

Ouça as afirmações de riqueza antes de dormir.

Dia 5

Seu desejo é uma ordem

Podemos tornar nosso futuro no que desejamos que ele seja.

Charles F. Haanel, autor

Há um processo de criação em três etapas para manifestar qualquer coisa que você queira: pedir, acreditar, receber. Hoje vamos nos concentrar na etapa 1 do processo de criação – *pedir*.

Você se lembra da história do Aladim e do Gênio? Em uma versão mais recente, o Gênio concede apenas três desejos, mas, na original, os desejos são ilimitados! Originalmente, a história foi criada para ilustrar a maneira como a vida realmente funciona; o Gênio representa a Lei Universal e está sempre ouvindo tudo o que você pede. Você pede sempre que pensa, fala ou age, pois tudo envolve pensamento. O Gênio presume que você quer tudo aquilo que pensa! Que pede tudo o que fala! Que a forma como age significa que você quer mais daquilo! Você é o Mestre do Universo, e o Gênio está lá para servi-lo. O Gênio nunca questiona suas ordens. Você pensa, e o Gênio imediatamente começa a alavancar o Universo por meio de pessoas, circunstâncias e acontecimentos para realizar seu desejo. A cada pensamento em que você acredita e a cada palavra que pronuncia com convicção, o Gênio responde: "Seu desejo é uma ordem!".

Se é algo que você quer ou não, não faz diferença – se você pensar, se você disser, o Gênio presume que está pedindo e diz: "Seu desejo é uma ordem", e manifesta para você. E se você não tiver pensamentos contraditórios, não há nada que impeça o Gênio de manifestar o que você deseja.

É exatamente assim que a Lei Universal funciona. Ela reage à sua mente e recebe cada pensamento que você tem. Com cada pensamento, palavra ou ação, você

Seu desejo é uma ordem!

completa a etapa 1 do processo de criação, pedir, e a Lei Universal responde imediatamente.

Hoje, vá até sua lista de desejos e escolha os dez mais importantes – as dez coisas que você *mais* quer. Some o valor de cada um dos dez desejos para ter um valor total. Em seguida, preencha os detalhes do cheque em branco do Gênio do Banco Universal Ilimitado (na página a seguir) com seu nome, a data de hoje e o valor total de seus dez principais desejos. Só isso! No momento em que você preenche o cheque, o Gênio diz "Seu desejo é uma ordem" e imediatamente começa a movimentar toda a energia para realizá-lo.

O Gênio escolherá o caminho de menor resistência para manifestar qualquer coisa, portanto, você receberá o dinheiro para um desejo ou o próprio desejo. Quando receber o dinheiro que lhe permitirá realizar um de seus desejos, não se esqueça de riscá-lo da lista e deduzir do valor total.

BANCO UNIVERSAL (I)LIMITADO
Seu desejo é uma ordem

DATA ____________

AVISO DE REMESSA – Sinta-se bem

NÃO
NEGOCIÁVEL
Você deve acreditar e sentir para recebê-lo

Pague para ______________________________

A quantia de ______________________________

CONTA: O Universo
Abundância Ilimitada

Assinatura: *O Universo*

⑆ 843 732738 843 ⑆ 843 732738 843

www.thesecret.tv

E lembre sempre que, a cada pensamento que tiver, e a cada frase que pronunciar, assim como o Gênio, a Lei Universal presume que você está pedindo aquilo e o atende:

"Seu desejo é uma ordem!"

Lembre-se

Continue com a prática de transformar o dinheiro que sai em dinheiro que entra.

Ouça as afirmações de riqueza antes de dormir.

Dia 6

Eu acredito

Todos temos a própria vida a seguir,
o próprio tipo de sonho a tecer,
e todos temos o poder de realizar nossos desejos,
desde que continuemos acreditando.

Louisa May Alcott, autora

A etapa 2 do processo de criação é *acreditar*. Isso significa fazer a mente subconsciente acreditar que você já tem o que deseja e não ter pensamentos que contradigam isso. Lembre-se: quando você pensa em algo que deseja sem *nenhum* pensamento contrário, isso deve e irá se manifestar. A maneira de concluir a etapa 2 com sucesso é fazer de conta, imaginar e fingir até que seu subconsciente acredite no que você diz. No momento em que ele acredita, a Lei Universal responde, e a manifestação é instantânea!

ACRE

DITE

A mente subconsciente não racionaliza nem faz perguntas. Simplesmente aceita tudo o que lhe é dado, inclusive quaisquer crenças de escassez que você possa ter-lhe incutido. Essas crenças impedem a manifestação instantânea de seus pensamentos sobre ter muito dinheiro, porque sua mente subconsciente opera com base nessas crenças de escassez mais profundas. Para anulá-las, você pode pensar deliberada e repetidamente no que deseja com a mente consciente e ao imaginar deliberada e repetidamente imagens do que deseja. Em algum momento, esses pensamentos e imagens do que você deseja substituirão as crenças de escassez em sua mente subconsciente.

A Lei Universal que rege a mente não sabe ou não se importa se algo é real ou imaginado – ela vai reproduzir seu pensamento no mundo físico de qualquer maneira.

Portanto, se você está sempre focado no fato de que não tem dinheiro suficiente, a lei continuará reproduzindo dinheiro insuficiente em sua vida. Mas, se você imaginar abundância e não permitir que nenhum pensamento de escassez se enraíze, a lei reproduzirá a abundância que você imagina.

Para a prática de hoje, quero que imagine que acabou de adquirir três itens que deseja. Então, visualize-se usufruindo de cada um deles por cerca de sessenta segundos. Para finalizar cada visualização, tire uma foto mental de você com seu objeto de desejo. Todo esse processo levará apenas três minutos de concentração.

Se você deseja um carro, visualize-se dirigindo-o por cerca de sessenta segundos e depois pose para a fotografia em frente ao veículo. Se quiser um relógio novo, visualize-se levantando a manga da camisa para revelar o relógio e segurando o pulso em frente à câmera para a foto. Se quiser tirar férias, visualize-se no destino e posando para a foto. Você entendeu a ideia.

Tirar fotos mentais de si mesmo com seus objetos de desejo é uma maneira poderosa de fazer a mente subconsciente acreditar que você os recebeu. O subconsciente adora imagens – são a linguagem dele –, portanto, quando sua mente consciente guarda a imagem de você junto de seu desejo, essa imagem pode passar diretamente para o subconsciente com facilidade. E, uma vez que ela esteja ali, será automaticamente criada em sua realidade pela Lei Universal!

LEMBRE-SE

Continue com a prática de transformar o dinheiro que sai em dinheiro que entra.

Ouça as afirmações de riqueza antes de dormir.

Dia 7

E lhe será dado

As leis da vida continuarão perpetuamente
a dar àqueles que se colocarem
na atitude de receber.

Christian D. Larson, autor

Receber é a terceira e última etapa do processo de criação. Essa etapa tem tudo a ver com o fato de estarmos na *frequência de bem-estar*. Como você se sente quando recebe algo que deseja muito? Você se sente incrível, certo? Bem, essa sensação boa é, na verdade, uma frequência energética de bem-estar e estar nela vem de absolutamente tudo o que faz você se sentir bem – até o que você quer manifestar! Enquanto você continuar se sentindo bem, todas as circunstâncias e todos os acontecimentos do dia continuarão a fazer você se sentir bem, o que, claro, inclui manifestações de coisas que você deseja.

Não importa como você se sentiu ontem ou mais cedo hoje – o que faz diferença é como você se sente agora. Todo o seu poder existe agora, porque você está atraindo com base em sua frequência atual, e sua frequência atual é sempre determinada por como está se sentindo no momento.

Essa é a razão pela qual as pessoas felizes e otimistas sempre têm tudo a seu favor e parecem ter todos os momentos de sorte na vida. Na verdade, não é sorte; é a frequência consistentemente feliz e de bem-estar em que se encontram que atrai todas as coisas boas para elas. Essa também é a razão pela qual as pessoas infelizes e pessimistas parecem sofrer constantemente com dificuldades e desafios.

A Lei Universal sempre fará com que sua experiência corresponda à sua frequência, portanto, quando você se sente bem, além de ter um dia incrível, as portas do Universo estão abertas para que você receba tudo o que pediu.

Se você acordar qualquer dia e descobrir que, por qualquer motivo, está com dificuldade de se sentir bem, ou simplesmente não se sente tão bem quanto gostaria, ou se seu humor mudar por causa de um pensamento negativo, use nossa lista de alteradores de humor a seguir para ajudá-lo a voltar a se sentir o melhor que conseguir, o mais rápido possível. Perceber quando estamos nos sentindo mal e dar um jeito de melhorar são ações muito importantes para uma vida rica e feliz, pois o atalho para tudo o que você deseja é ser e se sentir feliz AGORA.

Quando está feliz, você fica na frequência de recepção. *Além disso*, só consegue ter pensamentos positivos sobre o que deseja, o que significa que receberá ainda *mais* coisas – inclusive mais dinheiro!

Sinta-se fe

LIZ AGORA

Alteradores de humor

- Ligue para um amigo ou ente querido que o faça rir ou se sentir bem.
- Faça uma caminhada de cinco minutos, se possível, na natureza.
- Ligue para a pessoa mais positiva e alto-astral que você conhece.
- Assista a seu comediante favorito ou a um vídeo engraçado no YouTube.
- Ouça sua música favorita.
- Passe um ou dois minutos acariciando seu cachorro, gato ou outro animal de estimação.
- Abrace seu filho, cônjuge, ente querido ou amigo.
- Envie uma mensagem a um amigo ou ente querido dizendo algo que você aprecia nele ou dizendo por que o ama.

- Saia de casa por alguns minutos para respirar ar fresco.
- Coma algo delicioso que você adora.
- Saia de casa e pise na grama ou no chão com os pés descalços por um minuto.
- Fique um ou dois minutos em silêncio, prestando atenção à sua respiração, à medida que o ar entra e sai.
- Movimente-se ou dance ao som de sua música favorita.
- Prepare uma bebida quente e tire alguns minutos para apreciá-la, se possível, ao ar livre.
- Se estiver em público, faça um elogio a um estranho.
- Tome um banho relaxante de banheira ou uma ducha.
- Escreva dez coisas pelas quais você é grato.

- **Assista a uma comédia de que gosta ou a um filme que o faça se sentir bem.**

- **Leia algumas páginas ou um capítulo de um livro inspirador, como** *O segredo.*

- **Assista ao documentário** *O segredo*.

- **Escreva uma lista de cinco ou dez coisas pelas quais você está esperando ansiosamente.**

Pode haver momentos na vida em que, independentemente do que fizer, você não consiga se sentir melhor. Durante esses momentos, aceite o que está sentindo. Não resista ao sentimento nem o afaste, e ele se dissolverá gradualmente. Se perceber que retornou, permita que a sensação exista sem resistir a ela, e de novo ela vai se dissolver. Embora simples, essa é, na verdade, uma prática avançada e muito poderosa para dominar seu estado emocional.

LEMBRE-SE

Continue com a prática de transformar o dinheiro que sai em dinheiro que entra.

Ouça as afirmações de riqueza antes de dormir.

Dia 8

Dinheiro na mente, dinheiro na mão

Ao visualizar ou criar uma imagem mental, você não está se esforçando para mudar as leis da natureza. Você está cumprindo-as.

Geneviève Behrend, autora

Não existe tempo para a Lei Universal que rege a mente. Para ela, há apenas um momento, que é o presente, o agora. Essa é a razão pela qual todo o seu poder está *neste* momento, agora! Além disso, não existe quantidade para a Lei Universal.

Não há nenhuma diferença entre manifestar 1 real e 1 milhão de reais.

Portanto, quando você quiser manifestar algo, lembre que quantidade e tempo não existem; somos nós, cheios de *crenças* sobre tempo e quantidade, que tornamos esses conceitos reais. Se você acha que 1 real é pouco e, portanto, fácil de manifestar de forma rápida, mas que 1 milhão é muito e, portanto, difícil de manifestar rapidamente, tornará 1 milhão de reais mais demorado de se manifestar. Independentemente do que você acredite ser verdade, o Gênio sempre diz: "Seu desejo é uma ordem". Somos criadores, e o que quer que pensemos é o que a lei que governa nossa mente manifestará.

Hoje eu gostaria que você visualizasse a atração de uma quantia muito específica de dinheiro – 1 real! Feche os olhos e visualize-se recebendo 1 real em dinheiro físico, e realmente sinta como se isso estivesse acontecendo. Estou escolhendo 1 real justamente porque a maioria das pessoas acredita que manifestar essa quantia é fácil e, portanto, têm uma crença imediata de que isso pode acontecer. As etapas 1 e 2 do processo de criação foram concluídas, e você está pronto para a etapa 3: *receber*!

Gold
999.9
NET WT
1000g

É quase certo que você manifestará 1 real hoje, mas será que vai perceber quando isso acontecer? Lembre-se de que a lei encontrará a maneira mais rápida e simples de você receber esse dinheiro – ele pode vir de qualquer forma. Algo que você compra está em promoção ou com preço reduzido hoje, alguém lhe paga um café, você se depara com uma moeda na rua, encontra 1 real no bolso ou recebe um desconto de 1 real ou mais em uma conta. Fique atento e cuide de seu real!

A prática de hoje pode parecer ultrassimples, mas o objetivo é que você experimente o poder da manifestação para avançar para coisas maiores e melhores!

LEMBRE-SE

Continue com a prática de transformar o dinheiro que sai em dinheiro que entra.

Ouça as afirmações de riqueza antes de dormir.

Dia 9

Gratidão multiplica o dinheiro

Seja grato por tudo e você
receberá constantemente mais de tudo;
assim, o simples ato de ser grato torna-se
um caminho para o aumento perpétuo.

Christian D. Larson, autor

A gratidão é a maneira mais fácil e rápida de mudar todas as áreas da sua vida, mas *especialmente* a do dinheiro. Quando você sente gratidão pelo dinheiro que tem, não importa quão pouco seja, você o multiplica. Também pode multiplicar seu dinheiro sentindo gratidão pelo que teve ou que foi gasto com você no passado. A gratidão simplesmente multiplica tudo o que toca, e, quanto mais grato, maior será a multiplicação.

A gratidão é o
jeito mais fácil e

rápido de
mudar sua vida.

Quando pensamos na falta de dinheiro, podemos deixar de ver quanto dinheiro e abundância nos cercam e nos *cercaram* durante a vida. Hoje, vamos analisar a grande quantidade de dinheiro que você realmente recebeu ao longo da vida. Ao praticar isso e se concentrar na abundância do seu passado, você multiplicará seu dinheiro *hoje*.

Sente-se e reserve alguns minutos para pensar na sua infância, antes de ter dinheiro ou pelo menos muito dinheiro. Faça uma lista de vinte ocasiões em que gastaram dinheiro com você, o que equivale a quanto você recebeu. Ao percorrer as lembranças de sua infância e juventude, você perceberá quantas coisas recebeu e a abundância de dinheiro que já experimentou.

Você sempre teve comida?

Você morava em uma casa?

Você recebeu educação durante muitos anos?

Você tinha livros, lanche e tudo de que precisava para a escola?

Você saiu de férias quando era criança?

Quais foram os presentes de aniversário mais emocionantes que você recebeu quando era criança?

Você tinha uma bicicleta, brinquedos ou um animal de estimação?

Você sempre tinha roupas, pois crescia muito rapidamente e as roupas logo ficavam pequenas?

Você ia ao cinema, praticava esportes, aprendia a tocar algum instrumento musical ou tinha algum hobby?

Você ia ao médico e tomava remédios quando não estava bem?

Você ia ao dentista?

E itens essenciais que usava todos os dias, como escova de dentes, pasta de dentes, sabonete e xampu?

Você viajava de carro?

Você assistia à televisão, fazia ligações telefônicas ou usava eletricidade e água?

Todas essas coisas custam dinheiro, e você as recebeu sem nenhum custo! Ao percorrer lembranças de sua infância e juventude, você perceberá a abundância de dinheiro que teve na vida. Seja grato por cada evento e lembrança, pois, quando sentir gratidão sincera pelo que recebeu no passado, seu dinheiro aumentará magicamente *agora* e no futuro! Ao realizar essa prática, você deve sentir o coração amolecer e talvez ficar com lágrimas nos olhos, e é aí que você sabe que tirou a sorte grande com sua profunda gratidão.

De hoje em diante, prometa a si mesmo que, sempre que receber dinheiro, seja o salário, um reembolso ou desconto, ou algo que alguém lhe dê e que custe dinheiro, será realmente grato por isso. Cada uma dessas circunstâncias significa que você recebeu dinheiro, e cada caso lhe dá a oportunidade de usar o poder da gratidão para aumentar e multiplicar seu dinheiro ainda mais, sendo grato pelo que acabou de receber!

Para finalizar essa prática, pegue uma nota de 2 reais ou de outro valor, fixe nela um post-it com a seguinte mensagem:

Obrigado por todo o dinheiro que recebi na vida.

Leve sua nota mágica sempre com você, na carteira, na bolsa ou no bolso. Pelo menos uma vez pela manhã e outra à tarde, ou quantas vezes quiser, segure-a. Leia as palavras escritas e seja *verdadeiramente* grato pela abundância de dinheiro que recebeu na vida. Ela é chamada de nota mágica porque nada manifesta dinheiro mais rápido do que a gratidão. Quanto mais sincero você for e quanto mais sentir isso, mais rápido verá seu dinheiro se multiplicar!

LEMBRE-SE

Sinta gratidão quando receber dinheiro, independentemente do valor.

Continue com a prática de transformar o dinheiro que sai em dinheiro que entra.

Ouça as afirmações de riqueza antes de dormir.

Dia 10

O efeito bumerangue

Você pode ter tudo o que quiser na vida
se ajudar um número suficiente
de pessoas a conseguir o que elas querem.
Zig Ziglar, autor e palestrante motivacional

Tudo o que você envia em pensamento, palavra ou ação volta para você, assim como um bumerangue, e, quando há uma forte emoção por trás do que é enviado, o que volta é multiplicado. Quer estejamos pensando ou falando sobre nós mesmos ou sobre outra pessoa, o bumerangue de energia do que emitimos retorna para *nós*. E, quer estejamos pensando ou falando sobre algo que queremos ou não queremos, isso retorna para nós.

É claro que essa é uma ótima notícia, pois significa que você pode deliberadamente enviar pensamentos de prosperidade e abundância e, se colocar muito sentimento por trás disso, o conteúdo *desses* pensamentos pode retornar para você!

Quando eu estava mudando meus pensamentos da mentalidade de escassez para a de riqueza pela primeira vez, experimentei diversas práticas diferentes e criei muitas minhas. Todas as que considerei mais poderosas estão nesta jornada de 21 dias para manifestar riqueza, mas uma que adorei foi a de doar dinheiro.

A ideia era que, ao doar para outras pessoas, eu teria alguns sentimentos positivos em relação ao dinheiro, em vez dos habituais sentimentos negativos de preocupação, medo e resistência.

Na época, eu estava com muitas dívidas, não tinha dinheiro na conta, meus cartões de crédito estavam quase no limite e, compreensivelmente, eu tinha muitos sentimentos negativos em relação à falta de dinheiro. Nesse dia em particular, fui a um caixa eletrônico e saquei algumas notas de 20 dólares do limite do cartão de crédito. Caminhei por uma rua movimentada, escolhendo para quem dar cada nota. Olhei para o rosto de cada pessoa e me imaginei dando a nota quando passava por elas. Minha maior dificuldade era que eu queria dar o dinheiro para todo mundo! Parecia impossível escolher. Mas, no processo de me imaginar dando o dinheiro a cada pessoa, meu coração se derreteu completamente e fiquei com lágrimas nos olhos. Antes mesmo de dar a primeira nota, eu já havia mudado a maneira como me sentia em relação ao dinheiro.

Acabei pedindo ao Universo que me mostrasse a quem dar o dinheiro, e ele me apresentou duas situações distintas em que ouvi pessoas dizerem que não tinham dinheiro suficiente para comprar algo, e pude intervir naquele momento e entregar-lhes 20 dólares. Naquele

dia, doei apenas duas notas, mas, em minha imaginação, dei notas de 20 dólares a mais de cem pessoas.

É importante dizer que não me propus a doar dinheiro para trazer mais dinheiro para mim.

Eu doei para me sentir bem em relação ao dinheiro.

Eu queria mudar uma vida inteira de sentimentos ruins em relação ao dinheiro. Mas se você doar e sentir amor ao fazer isso, com certeza esse valor voltará multiplicado para você.

Fiz minha prática em uma sexta-feira à tarde. Na segunda-feira seguinte, apenas 48 horas depois, recebi um depósito de 25 mil dólares de uma situação comercial da qual eu não tinha conhecimento e, 24 horas depois, caíram outros 10 mil de outra situação inesperada. Recebi 35 mil dólares em minha conta bancária alguns dias após ter doado apenas 40, mas mentalmente doado centenas de dólares. Eu sabia, sem dúvida, que isso se devia à minha prática, à profundidade do sentimento que experimentei naquele dia e ao fato de ter me imaginado doando dinheiro para tantas pessoas.

Hoje você vai se visualizar doando dinheiro a completos desconhecidos. Imagine que está segurando um grande maço de notas de 100. Seus bolsos também estão cheios de notas de 100, portanto você não vai ficar sem nada. Olhe para o rosto de cada pessoa que passar por você ou com quem se relacionar e imagine-se dando a cada uma delas uma das notas!

Tente fazer isso com o maior número possível de pessoas, no mínimo, com quarenta. O ideal é fazer essa prática de uma vez só, em vez de dividi-la ao longo do dia, pois um esforço concentrado ajudará a aprofundar seu sentimento. Se não for possível passar por quarenta pessoas hoje, faça isso na primeira oportunidade em que estiver entre um grande número de pessoas.

Lembre-se de que tudo o que você envia em pensamento, palavra ou ação volta para você e, com um sentimento forte, voltará multiplicado!

A Lei Universal reagirá à sua imaginação como se ela fosse real, e essa prática está dizendo à lei que você é tão abastado que pode até doar!

Lembre-se

Sinta gratidão quando receber dinheiro, independentemente do valor.

Continue com a prática de transformar o dinheiro que sai em dinheiro que entra.

Ouça as afirmações de riqueza antes de dormir.

Dia 11

Manhã de gratidão

Quanto mais praticar a arte da gratidão,
mais motivos terá para agradecer.
Norman Vincent Peale, clérigo e autor

Há uma passagem bíblica, no Evangelho de Mateus, que intrigou, confundiu e foi mal compreendida por muitos ao longo dos séculos. A passagem diz o seguinte:

Pois, a todo que tem, mais será dado e terá em grande quantidade. Mas, ao que não tem, até o que tem lhe será tirado. (Mateus 25:29)

É preciso admitir que isso parece injusto, pois dá a impressão de que os ricos ficarão mais ricos e os pobres, mais pobres. Como em muitas passagens da Bíblia, há um mistério a ser desvendado, um véu a ser levantado e, quando o significado dessa passagem é revelado, um poder oculto é exposto. Essa é a razão pela qual a passagem era velada, de modo que somente aqueles que estiverem prontos para perceber seu poder oculto verão o verdadeiro significado.

A resposta para o mistério e o segredo da passagem está em uma palavra oculta. Ouça a passagem novamente com a palavra oculta revelada:

Pois, a todo que tem **gratidão**, mais será dado e terá em grande quantidade. Mas, ao que não tem **gratidão**, até o que tem lhe será tirado.

Com a inserção da palavra oculta, um texto enigmático e incompreendido é subitamente esclarecido. Centenas de anos se passaram desde que essas palavras foram registradas, e elas são tão verdadeiras hoje como sempre foram: se você não reservar um tempo para ser grato, nunca terá mais e perderá o que tem. E a promessa do que acontecerá com a gratidão está nestas palavras: *se você for grato, receberá mais e terá em abundância!*

É por isso que a gratidão está presente em todas as práticas de *Contagem regressiva para a riqueza*; ela é muito poderosa.

Hoje ou amanhã, assim que se levantar da cama, enquanto caminha para o banheiro ou para a cozinha, diga mentalmente dez vezes: "Agradeço por todo o dinheiro que está entrando em minha vida". Depois, pense em dez coisas que você possui e ama que custam dinheiro e pelas quais é muito grato. Você pode listá-las em sua mente ou em voz alta, ou, para ter uma atenção ainda mais concentrada e um sentimento mais profundo de gratidão, pode fazer uma lista por escrito com essas dez coisas. Comece cada frase com: "Eu sou muito grato por...".

A TODO
QUE TEM
GRATIDÃO,
MAIS SERÁ
DADO E
TERÁ EM
GRANDE
QUANTIDADE.

Lembre-se: "A todo que tem **gratidão**, mais será dado e terá em grande quantidade". E, então, observe como sua gratidão lhe dá mais de tudo pelo que você é grato!

LEMBRE-SE

Sinta gratidão quando receber dinheiro, independentemente do valor.

Continue com a prática de transformar o dinheiro que sai em dinheiro que entra.

Ouça as afirmações de riqueza antes de dormir.

Dia 12

Quadro de visualização do dinheiro

A visualização é o grande segredo do sucesso.

Geneviève Behrend, autora

Se você percebesse o poder infinito que tem para ser, fazer ou ter tudo o que quiser, nunca mais se preocuparia com dinheiro! Você tem *total domínio* sobre seu mundo, mas precisa perceber isso por si mesmo. Para perceber seu poder infinito e dominar seu dinheiro, você deve começar a se tornar o mestre dos próprios pensamentos. O primeiro passo para dominá-los requer que você, ao pensar em dinheiro, faça-o de maneira positiva.

Hoje, vamos direcionar o poder fenomenal de seus pensamentos positivos usando *imagens* de dinheiro em um quadro de visualização. Lembre que as imagens são uma maneira especialmente poderosa de direcionar os pensamentos, porque imagens e símbolos são a linguagem da mente subconsciente. Portanto, toda vez que você vê imagens de dinheiro e riqueza, elas são implantadas em seu subconsciente – o lar de suas crenças!

Quando eliminamos as crenças de falta, o dinheiro consegue entrar, vindo de toda parte.

Você pode escolher qualquer área da sua casa para colocar seu quadro de visualização do dinheiro, desde que seja um lugar por onde você passe com frequência. Pode até usar a geladeira. Para criar seu quadro de visualização, colete ou imprima imagens que representem dinheiro, como pilhas de moedas, pilhas de notas, símbolos de moedas, imagens de ouro e prata e qualquer outra coisa que represente riqueza para você, como o carro dos sonhos, a casa dos sonhos etc. O quadro deve estar repleto de imagens de dinheiro e riqueza!

Também quero que você escolha vinte quantias diferentes para escrever em seu quadro de visualização do dinheiro. Escolha quantias menores e maiores que pareçam realizáveis para você, como 5, 10, 100, 250, 500, 2.000, 10.000, 100.000 reais etc. Sempre que manifestar um desses valores, remova-o e coloque um novo valor de sua escolha.

Olhe para o quadro com frequência. Quanto mais você expuser a mente subconsciente a imagens de riqueza e prosperidade, mais rápido ela acreditará que você *é* rico. No filme e no livro *O segredo*, John Assaraf conta a incrível história de como acabou comprando a mesma casa que tinha na imagem de seu quadro de visualização de cinco anos antes. Foi somente quando encontrou seu antigo quadro guardado em uma caixa que percebeu que havia comprado a casa dos seus sonhos sem nem saber! Isso mostra como essa prática é incrivelmente poderosa!

LEMBRE-SE

Sinta gratidão quando receber dinheiro, independentemente do valor.

Continue com a prática de transformar o dinheiro que sai em dinheiro que entra.

Ouça as afirmações de riqueza antes de dormir.

Dia 13

Sou multimilionário

Tenha sonhos grandiosos e,
à medida que sonha, assim você será.

James Allen, autor e filósofo

Hoje, por meio do poder da imaginação, você terá um dia incrível, porque hoje você se tornará um multimilionário!

Imagine que você é riquíssimo agora. Imagine que tem vários milhões no banco. Em que sentido você viveria de maneira diferente? Pense em todas as coisas que faria. Como se sentiria? Você se sentiria, andaria e falaria diferente. Reagiria de forma diferente a tudo.

Quero que hoje você se sinta um multimilionário o dia todo e lembre a si mesmo, quantas vezes puder, que está 100% livre financeiramente! Sinta o alívio de nunca mais ter que se preocupar com dinheiro. Sinta a leveza de saber que pode se dar ao luxo de fazer o que quiser. Sinta a alegria de saber que pode ajudar sua família e seus amigos financeiramente. Dirija seu carro como se fosse o carro de seus sonhos. Ande por sua casa como se fosse a casa de seus sonhos. Sinta que está usando as roupas que mais gostaria de ter. Vá à sua loja de departamento ou acesse sua loja on-line favorita e imagine que pode comprar tudo o que quiser. Imagine que está reservando uma viagem internacional de primeira classe para visitar seus países favoritos. Quando vir o carro de seus sonhos, imagine que ele é seu. Quando vir uma bela casa, imagine que ela é sua, porque hoje você é um multimilionário! Isso requer sua melhor atuação, para que você realmente convença seu subconsciente. Corra atrás do seu Oscar!

Algumas pessoas atrairão vários milhões apenas abraçando em sua mente a ideia de ser multimilionárias e acreditando que isso é real – e eu quero que você seja uma delas!

Eu sou multimilionário!

Lembre-se

Sinta gratidão quando receber dinheiro, independentemente do valor.

Continue com a prática de transformar o dinheiro que sai em dinheiro que entra.

Ouça as afirmações de riqueza antes de dormir.

DIA 14

OBRIGADO – PAGO!

Se você deseja desfrutar de mais prosperidade e sucesso na vida, precisa assumir consciente, corajosa e deliberadamente o controle de seus pensamentos e sentimentos e redirecioná-los para a prosperidade e o sucesso.

Catherine Ponder, autora e ministra

Você já sabe que se sentir mal por não ter dinheiro criará uma falta ainda maior de dinheiro em sua vida. Mas, para quem recebe e paga contas, pode ser um desafio especial não se sentir assim. Se você não tem muito dinheiro disponível, ter que pagar contas pode, de fato, ser desanimador. Mas, para ter a liberdade financeira que você deseja, esses sentimentos ruins precisam desaparecer. Descobri que criar jogos sobre o pagamento de contas me ajuda a me sentir melhor em relação a elas. Os jogos que criei mudaram meus sentimentos, o que acabou me ajudando a passar de uma mentalidade de escassez para uma de riqueza.

Um jogo que criei para mudar meus sentimentos em relação às contas foi fingir que elas eram, na verdade, cheques. Eu pulava de alegria ao abri-las e dizia: "Mais dinheiro para mim! Obrigada, obrigada!". Depois, em cada conta, eu escrevia "OBRIGADA PELO DINHEIRO" e sentia imensa gratidão por receber aquele dinheiro – a ponto de ficar com lágrimas nos olhos.

Por fim, quando eu conseguia quitar cada conta, escrevia "OBRIGADA – PAGO" e pagava com gratidão.

Hoje, gostaria que você pegasse todas as contas que ainda não foram pagas, olhasse para cada valor e imaginasse brevemente que se trata de um cheque que está recebendo. Em seguida, escreva em cada uma delas: "OBRIGADO PELO DINHEIRO". Se suas contas não pagas estiverem on-line, imprima-as e escreva "OBRIGADO PELO DINHEIRO" em cada uma.

Obrigado pelo dinheiro!

Em seguida, gostaria que você pegasse dez contas que pagou no passado e escrevesse na frente de cada uma delas: "OBRIGADO – PAGO!". Sinta-se verdadeiramente grato por ter tido dinheiro para pagar a conta!

Tenho feito essa prática há mais de vinte anos; até hoje, ainda escrevo em minhas contas: "OBRIGADA – PAGO!". E sempre tenho dinheiro para pagar todas elas. Eu o incentivo a fazer o mesmo!

Lembre-se

Sinta gratidão quando receber dinheiro, independentemente do valor.

Continue com a prática de transformar o dinheiro que sai em dinheiro que entra.

Ouça as afirmações de riqueza antes de dormir.

DIA 15

ATOS DELIBERADOS DE BONDADE

Nenhum homem pode enriquecer
a menos que enriqueça os outros.
Earl Nightingale, autor e radialista

Tudo o que enviamos volta para nós. Portanto, quando enviamos pensamentos sobre os outros, esses pensamentos retornam como experiências na *nossa* vida. Por exemplo, se você tiver pensamentos raivosos sobre alguém, esses pensamentos voltarão para *prejudicar você*. Estamos todos conectados. Somos todos parte do Campo Energético Único, da Mente Suprema Única ou da Consciência Única. Chame do que quiser, mas somos todos Um. A Lei Universal reage a você e a seus pensamentos como se não houvesse mais ninguém no Universo porque, na verdade, não há mais ninguém, há apenas um Ser Único. Tudo o que você pensa, tudo

A gentileza é gratuita…

… mas é
recompensada
com riqueza.

o que você sente, sobre qualquer pessoa ou qualquer coisa, retorna à fonte: você!

Quando você tem pensamentos de gentileza, bondade, gratidão e amor, ou deseja saúde ou abundância para os outros, esses pensamentos também retornam para você como experiências em sua vida!

Hoje, quero que você faça um esforço para ser gentil com todas as pessoas que encontrar, que elas se sintam melhor por terem cruzado seu caminho. Cumprimente as pessoas na rua, faça elogios, agradeça, sorria, incentive. A gentileza é gratuita, mas é recompensada com riqueza.

Além disso, ao se conectar com qualquer pessoa, quero que olhe para ela e envie mentalmente este pensamento: *Desejo a você uma vida cheia de riquezas.* Sinta, de fato, as palavras e diga-as com todo o seu coração. Você também pode enviar mentalmente esse pensamento para todas as pessoas pelas quais passar hoje. Quanto maior o número de pessoas que receberem esse desejo seu, mais energia boa você enviará, e mais energia boa retornará à *sua* vida e à sua situação financeira.

Quando conseguirmos viver de acordo com nossa verdadeira natureza – que é pura bondade –, nossa vida será absolutamente magnífica!

Lembre-se

Sinta gratidão quando receber dinheiro, independentemente do valor.

Continue com a prática de transformar o dinheiro que sai em dinheiro que entra.

Ouça as afirmações de riqueza antes de dormir.

Dia 16

Dinheiro dá em árvore

Cresci com muitas crenças sobre dinheiro;
que, se você tinha, ele o tornava mau;
que apenas pessoas ruins tinham dinheiro;
que dinheiro não dava em árvores;
"Quem você pensa que eu sou, Rockefeller?"[...]
Assim, eu cresci acreditando realmente
que a vida era difícil.

Jack Canfield, no livro *O segredo*

Se você não nasceu rico, se não cresceu cercado de abundância ou se ainda não encontrou a verdadeira liberdade financeira, é bem provável que tenha algumas crenças que estão limitando a quantidade de dinheiro que entra em sua vida.

Crenças como:

1. **"É preciso trabalhar duro para ter dinheiro."**
2. **"A única maneira de obter dinheiro é tendo um emprego."**
3. **"Querer dinheiro não é espiritual, é materialista."**
4. **"Eu nunca teria condições de pagar/comprar __________."**
5. **"Não é o que você conhece, é quem você conhece."**
6. **"O dinheiro é a raiz de todo mal."**
7. **"Os ricos são desonestos."**
8. **"É preciso nascer em berço de ouro para ter muito dinheiro."**

9. **"Não sou inteligente, nem bom, nem qualificado, nem instruído o suficiente para ter dinheiro."**

Alguma dessas crenças lhe parece familiar? Deixe-me compartilhar algo com você. Nenhuma delas é verdadeira. Nenhuma! Você tem um poder interior que está criando toda a sua realidade e pode criar *qualquer coisa* que você quiser, portanto, como você poderia ser limitado na quantidade de dinheiro que pode ter? Não tem como.

São somente suas crenças limitantes que limitam o que você pode vivenciar.

Às vezes, o simples fato de saber que essas crenças não são verdadeiras pode fazer com que elas comecem a se abalar, ruir e desmoronar. Mas hoje vamos trabalhar um pouco para realmente começar a anular essas crenças de escassez.

Lembre-se de que toda vez que você tem um pensamento positivo sobre mais dinheiro, sua vida melhora e você se aproxima um pouco mais da liberdade financeira.

Selecione as crenças de escassez que se aplicam a você e, em seguida, leia mentalmente o equivalente oposto indicado a seguir – *para cada crença de escassez, leia o oposto três vezes*. Repita essa prática, pelo menos, *mais duas vezes hoje*.

1. "O dinheiro vem até mim de todas as direções sem que eu faça nada."

2. "O Universo tem maneiras ILIMITADAS de trazer dinheiro para mim – basta abrir a mente para as possibilidades."

3. "A pobreza é um fardo para a sociedade. Ter dinheiro suficiente não é apenas meu direito de nascença, mas minha responsabilidade, para ter uma vida plena. Viver uma vida plena contribui para a sociedade."

4. "Posso pagar/comprar __________ e tudo o mais que eu quiser."

5. "Pensar no que eu quero abre todas as portas para mim."

6. "Eu me sinto muito bem em relação ao dinheiro!"

7. **"Pessoas ricas têm mentalidade de riqueza, e eu também estou criando uma mentalidade de riqueza."**

8. **"Não importa quanta riqueza eu tive ou não, o que importa é pensar em abundância e prosperidade."**

9. **"A prosperidade vem de pensamentos de prosperidade."**

Você pode continuar a ler esses pensamentos de riqueza diariamente para erradicar qualquer crença de escassez. É a repetição do pensamento que substitui uma crença por outra, portanto, se você acreditou em alguma dessas crenças de escassez, repetir o oposto delas é a melhor coisa que pode fazer para eliminá-las definitivamente!

Dinheiro dá, sim, em árvore.

LEMBRE-SE

Repita os pensamentos de riqueza mais duas vezes hoje.

Sinta gratidão quando receber dinheiro, independentemente do valor.

Continue com a prática de transformar o dinheiro que sai em dinheiro que entra.

Ouça as afirmações sobre riqueza antes de dormir.

Dia 17

Tem mais dinheiro vindo para mim hoje

Ou vivemos com intenção,
ou existimos por padrão.
Kristin Armstrong, atleta e autora

Eu aplico a prática da intenção em minha vida todos os dias, e é imperativo que você também faça isso se quiser criar mais dinheiro para si mesmo.

Intenção significa que você vai criar seus dias exatamente da maneira que deseja. Todos os dias, você deve manter suas intenções em mente.

Tenha em
mente o que
quer para
sua vida!

Coloque as forças universais à frente em tudo o que fizer e em todos os lugares a que for, pensando antecipadamente no que deseja que aconteça. Assim, você vai criar seu dia intencionalmente e não haverá erros, contratempos ou surpresas dispendiosas.

Você pode e deve planejar o resultado de exames, entrevistas, reuniões, provas, encontros, férias e consultas médicas ou odontológicas, e deve *sempre* planejar a entrada e a saída de dinheiro.

Quando estiver esperando para receber uma conta ou saber o custo de alguma coisa, não deixe de indicar o valor que pretende que seja. Atreva-se a pensar em um valor baixo! E acrescente as palavras "OU MENOS" ao valor que gostaria que fosse! Sempre que for receber dinheiro, novamente tenha a intenção de receber a quantia que deseja e ouse ir mais alto, mas acrescente as palavras "OU MAIS" à quantia que pretende receber.

Hoje, quero que você experimente o poder da intenção, planejando todo o seu dia com antecedência. Só o que você precisa fazer é analisar mentalmente cada uma das coisas que planejou no início do dia, com a intenção de que sejam fáceis, demandem pouco esforço e funcionem perfeitamente. Ao longo do dia, antes de *cada* ação e plano – até a menor delas, como preparar uma refeição ou atender a uma ligação telefônica –, novamente tenha a intenção de obter o resultado de cada uma. Tenha a intenção de que tudo corra bem e seja melhor do que você poderia ter imaginado, tenha a intenção de que tudo funcione perfeitamente, tenha a intenção de rir muito e de ter um dia incrível!

Os dias que não correm bem, muitas vezes, podem acabar nos custando dinheiro, portanto essa prática ajuda a manter o dinheiro em suas mãos de maneira firme. Mas você também usará o poder da intenção para aumentar seu dinheiro hoje. A cada hora que passar acordado ou pelo menos em dez momentos diferentes no dia de hoje, diga mentalmente:

Tem mais dinheiro vindo para mim hoje.

Esse é seu mantra para ganhar dinheiro no dia. Para não se esquecer de dizer isso com frequência, você pode criar um lembrete no celular.

Não consigo me imaginar vivendo um único dia de minha vida sem o poder da intenção. Quando estiver fazendo isso regularmente, esse será um de seus hábitos mais poderosos!

LEMBRE-SE

Sinta gratidão quando receber dinheiro, independentemente do valor.

Continue com a prática de transformar o dinheiro que sai em dinheiro que entra.

Ouça as afirmações de riqueza antes de dormir.

Dia 18

Aí vem o Papai Noel

Somente dando é que você pode receber mais do que já tem.

Jim Rohn, autor e palestrante motivacional

Todo pensamento que temos sai e sempre, sempre é entregue à sua origem – você! Portanto, se pensarmos em dar dinheiro a alguém e, de fato, tivermos o sentimento de felicidade e amor ao fazer isso, o dinheiro, a felicidade e o amor voltarão e serão entregues a nós.

A seguir, você encontrará um cheque do Universo no valor de 100 mil reais. Hoje, você vai se imaginar doando *todo* esse dinheiro nas próximas oito horas! Você pode doá-lo a familiares, amigos, colegas de trabalho, conhecidos ou estranhos, mas deve ser a pessoas, e não

BANCO UNIVERSAL (I)LIMITADO
Seu desejo é uma ordem
DATA Hoje
AVISO DE REMESSA – sinta-se bem
Pague para Você
R$ 100.000,00
A quantia de Cem mil reais
NÃO NEGOCIÁVEL
Você deve acreditar e sentir para recebê-lo
CONTA: O Universo Abundância Ilimitada
Assinatura: O Universo
843 732738 843 843 732738 843
www.thesecret.tv

a organizações. No computador ou em um papel, faça sua lista de beneficiários e, ao lado dos nomes, coloque o valor que cada um deve receber, somando 100 mil reais. Você pode dar tudo a apenas uma pessoa, mas a prática será mais poderosa se der a várias.

Quando tiver terminado de escrever sua lista de beneficiários e o total geral for de 100 mil reais, sente-se e se visualize entregando um cheque para cada pessoa da lista e diga por que você está lhe dando essa quantia específica. Visualize a reação da pessoa e sinta o amor e a felicidade por poder compartilhar sua riqueza com ela. Em seguida, passe para a próxima pessoa, até visualizar todas recebendo o dinheiro.

E, então, observe como a Lei Universal orquestra a energia das pessoas, circunstâncias e acontecimentos para devolver a *você* o que você deu!

Lembre-se

Sinta gratidão quando receber dinheiro, independentemente do valor.

Continue com a prática de transformar o dinheiro que sai em dinheiro que entra.

Ouça as afirmações de riqueza antes de dormir.

Dia 19

Consertando o futuro com gratidão

A gratidão constrói uma ponte
para a abundância.

Roy T. Bennett, autor

Uma maneira particularmente poderosa de usar a gratidão para atrair mais dinheiro para sua vida é ser grato pelo dinheiro que deseja como se já o tivesse recebido. Ao se sentir tão grato quanto se sentiria se já tivesse o dinheiro que deseja, você estará concluindo simultaneamente as etapas 1 e 2 do processo de criação. Aí, para receber, você só precisa continuar a se sentir bem, que é a conclusão da etapa 3!

Seja grato
pelo dinheiro
que você
deseja...

... como se
já o tivesse
recebido.

Lembre que, para a Lei, não há futuro nem passado – há apenas este momento do agora. O mesmo acontece com qualquer lei natural; a lei da gravidade não opera no passado nem no futuro. As leis da natureza e as leis espirituais operam todas no momento presente do *agora*.

Hoje, escolha cinco quantias diferentes em seu quadro de visualização de dinheiro. Em seguida, escreva em uma folha de papel ou no computador: "Estou muito feliz e grato por ter recebido ______________ reais", para cada uma das quantias. Sinta a gratidão mais intensa que conseguir, como se realmente tivesse acabado de manifestar essa quantia específica.

Quanto mais profunda e sinceramente você sentir a gratidão, mais rápida será a manifestação!

Você nunca saberá com antecedência como o dinheiro chegará até você, e não é sua função saber isso. A Lei Universal usará pessoas, circunstâncias e acontecimentos para entregar aquilo pelo que você é grato. E, sem dúvida, a parte mais emocionante de todas é a *surpresa* de como o dinheiro acaba chegando até você!

LEMBRE-SE

Sinta gratidão quando receber dinheiro, independentemente do valor.

Continue com a prática de transformar o dinheiro que sai em dinheiro que entra.

Ouça as afirmações de riqueza antes de dormir.

Dia 20

Lembre-se de lembrar

Se você quiser ter uma vida positiva e feliz,
é necessário deixar de lado o negativo e
substituí-lo pelo positivo.

Lester Levenson, físico e empreendedor

Em tempos incertos, com o aumento dos custos ou as histórias de desgraça e tristeza econômica, você pode se pegar pensando e imaginando o pior. Mas nada disso precisa se aplicar a você, porque você sabe como a vida realmente funciona – que tudo se manifesta por meio do pensamento!

Durante a Grande Depressão, houve pessoas que prosperaram porque conheciam o poder da mente e, por isso, dedicaram sua atenção apenas a pensamentos de abundância. A escassez não entrava na mente delas. Se as pessoas conseguiam fazer isso durante a Grande Depressão, então podemos fazê-lo no mundo de hoje.

É tudo uma questão de estar ciente do que estamos pensando e sentindo. Se você está se sentindo bem, então sabe que está tendo pensamentos positivos. Pensamentos positivos são pensamentos sobre o que você quer. Se estiver se sentindo mal, é porque tem tido pensamentos negativos sem perceber. Pensamentos negativos são pensamentos sobre o que você não quer.

Mas tudo começa em ter *consciência* do que você está pensando e sentindo. Quando você não está consciente, pode ter milhares de pensamentos negativos sobre falta de dinheiro em um único dia! Mas, quando está consciente, você está no presente, onde está todo o seu poder, e pode obter o controle de seus pensamentos. Assim, pode ter certeza de que seus pensamentos estão a seu serviço e focados na abundância de dinheiro. Então, como se tornar mais consciente? Uma maneira de fazer isso é, com frequência, se concentrar e se perguntar:

"Eu estou consciente?"

No momento em que fizer essa pergunta, você estará, pois terá trazido a mente de volta ao momento presente.

Pensamentos
positivos são
pensamentos sobre
o que você quer.

Pensamentos
negativos são
pensamentos sobre
o que você não quer.

A prática de hoje é lembrar-se de estar consciente. O maior número de vezes que puder durante o dia, pergunte a si mesmo: "Eu estou consciente?". E imediatamente você estará consciente do que pensa e sente.

Estar consciente é uma das práticas mais poderosas que existem porque, quando você está ciente de seus pensamentos e sentimentos, não há nada que possa impedi-lo de manifestar a abundância. Quando está consciente, você não tem pensamentos contraditórios sobre falta de dinheiro sem perceber; você os nota imediatamente e os substitui por pensamentos de abundância. E isso é *irresistível* para a Lei Universal!

LEMBRE-SE

Sinta gratidão quando receber dinheiro, independentemente do valor.

Continue com a prática de transformar o dinheiro que sai em dinheiro que entra.

Ouça as afirmações de riqueza antes de dormir.

Dia 21

Manifestação de cinco anos

Se você não enxergar grandes riquezas em sua imaginação, nunca as verá em seu saldo bancário.

Napoleon Hill, autor

Você chegou ao último dia da *Contagem regressiva para a riqueza*. Parabéns! Aproveite cada momento de sua prática final hoje.

Uma das práticas que os empresários e empreendedores bem-sucedidos e ricos sempre fazem é estabelecer metas financeiras e de vida, pensando em onde vão querer estar em um, três ou cinco anos. E você pode ter certeza de que eles não apenas atingem suas metas, mas as superam! Por que a definição de metas é tão importante? Porque, ao estabelecer metas, você conclui a etapa 1 do processo de criação – pedir. Em segundo lugar, quando estabelecemos metas para o futuro, geralmente acreditamos mais que elas podem ser alcançadas porque ainda falta algum tempo. Com isso, a etapa 2, acreditar, é concluída! E, claro, quando define uma meta, você garante que permanecerá concentrado nesse resultado com pensamentos e sentimentos positivos consistentes. E, quanto mais se concentra, mais real o resultado vai parecer e mais você acredita que isso pode e vai acontecer para você.

Hoje, em um diário ou no computador, descreva sua situação financeira daqui a cinco anos. A única coisa que você vai fazer é se concentrar no *resultado* de sua situação financeira. Não importa *como* vai conseguir o dinheiro (a Lei Universal cuidará disso), você só precisa decidir exatamente onde estará financeiramente daqui a cinco anos. Seja ousado! Mas também mantenha-se no limite do que considera possível de acreditar.

Aqui estão algumas perguntas para ajudá-lo com suas metas financeiras para cinco anos:

Quanto você está ganhando?

Quais são as principais coisas que você comprou e nas quais gastou dinheiro?

Onde você mora? Descreva sua casa.

Quanto dinheiro você tem investido?

Você comprou algum imóvel?

Que carro você tem?

Qual é seu patrimônio líquido?

Mantenha essas metas para os próximos cinco anos e você ficará surpreso com a quantidade de coisas que se tornam realidade e se manifestam em sua vida!

Estabelecer metas é simplesmente usar sua mente e a lei dela para criar e planejar seu futuro *hoje*. Esse é um dos segredos das pessoas bem-sucedidas!

LEMBRE-SE

Sinta gratidão quando receber dinheiro, independentemente do valor.

Continue com a prática de transformar o dinheiro que sai em dinheiro que entra.

Ouça as afirmações de riqueza antes de dormir.

Conclusão

Parabéns por ter completado os 21 dias de *Contagem regressiva para a riqueza*! Se você se dedicou às práticas, já deve ter começado a ver grandes melhorias em sua situação financeira e, sem dúvida, está se sentindo muito bem com todos os pensamentos e sentimentos positivos que gerou nas últimas semanas. O que quer que tenha acontecido até agora é apenas o começo! É uma gota no oceano comparado ao que você pode experimentar ao manter essas práticas de mudança de vida!

Para ter uma vida rica e financeiramente livre, todas as práticas podem e devem ser adotadas para o resto da vida. Se decidir fazer isso, você criará para si mesmo uma vida além dos seus sonhos mais loucos! Se, a qualquer momento, perceber que alguns problemas financeiros começam a aparecer ou que o dinheiro está mais saindo do que entrando, aumente a quantidade e a frequência das práticas até que os problemas parem de se manifestar e o dinheiro volte a fluir para você.

Em alguns dias, você pode simplesmente abrir o livro de forma aleatória, e a prática que encontrar será a perfeita para sua situação.

Você pode optar por ouvir a gravação das afirmações pelo tempo que quiser. Talvez chegue ao ponto de ouvi-la apenas uma vez por semana, o que é perfeito para a manutenção da prosperidade.

Nas últimas três semanas, você já transformou essas práticas vitais em um hábito; continue assim! Siga em frente e nunca pare de usar a mente e os pensamentos para criar uma vida rica e gratificante, repleta de riqueza, felicidade e tudo o que você poderia desejar!

QUE A ALEGRIA E A PROSPERIDADE ESTEJAM COM VOCÊ,

Rhonda Byrne

Escaneie o QR code abaixo e siga
as instruções para fazer o download
das afirmações de riqueza no
app Wealth Affirmations.

Afirmações de riqueza

Para aqueles que não puderem ouvir a gravação, aqui estão as afirmações de riqueza escritas. Leia três ou mais páginas de afirmações todas as noites. Você pode lê-las em voz alta, mas fazer isso mentalmente é mais poderoso.

O dinheiro flui para mim com facilidade e sem esforço. • Sou um ímã de riqueza. • Eu escolho a liberdade financeira. • Eu tenho dinheiro mais do que suficiente. • Eu sou rico. • Eu sei que há maneiras ainda mais ilimitadas de o dinheiro chegar até mim. • Eu estou me tornando mais abundante a cada dia. • Eu permito que uma abundância ainda maior de dinheiro flua para mim. • Eu sou grato por todo o dinheiro que recebi na vida. • Eu pretendo ter liberdade financeira para sempre. • O dinheiro é meu amigo. • Eu sempre tenho mais dinheiro entrando do que saindo. • Eu mereço dinheiro para poder fazer tudo o que quero nesta vida. • Compartilhar minha abundância com os outros faz com que eu me sinta bem. • Eu tenho todo o conhecimento necessário para ser bem-sucedido. • Eu sou financeiramente próspero. • Eu tomei a decisão de me tornar rico. • Eu amo o dinheiro, e o dinheiro me ama. • Eu estou ficando mais rico a cada dia, em todos os sentidos. • Eu escolho a prosperidade. • Eu estou aberto a receber todas as riquezas que o Universo quer me dar. • Eu atraio tudo o que preciso para gerar meu sucesso. • Eu estou ficando mais rico a cada segundo. • Eu fico animado ao ver outras pessoas receberem dinheiro. • Tudo o que preciso para o sucesso vem a mim sem esforço e com facilidade. • Eu desejo sorte e felicidade para mim e para todos. • Eu estou aberto a receber dinheiro de maneiras que nunca imaginei. • Eu uso o dinheiro para abençoar a minha vida e a vida de outras pessoas. • Eu vou receber mais dinheiro hoje. • Eu sempre tenho o que preciso. • Eu tenho sucesso abundante em tudo a que me dedico. • O Universo conspira para me dar tudo de que preciso. • Eu sou generoso com o dinheiro. • Quando pago contas, o dinheiro sempre volta para mim multiplicado. • Eu sou eternamente grato pela abundância e pela prosperidade em minha vida. • Eu crio riqueza e prosperidade com facilidade. • Todos os dias, de todas as formas, minha riqueza está aumentando. • O dinheiro flui facilmente para mim. • Eu sempre tenho dinheiro suficiente para atender às minhas necessidades. • Eu estou atraindo cada vez mais dinheiro todos os dias. • Eu fico feliz em compartilhar, porque minha abundância é ilimitada. • Eu atraio dinheiro sem esforço e com facilidade. • Eu mereço todas as coisas boas. • Eu tenho mais do que o suficiente. • Eu adoro compartilhar minha abundância com aqueles que amo. • Há uma abundância de dinheiro vindo para mim. • Eu estou recebendo mais dinheiro a cada dia. • Eu sou grato por minha riqueza e prosperidade sempre crescentes. • Eu tenho dinheiro para pagar todas as minhas obrigações financeiras – agora e sempre. • Eu dou as boas-vindas à abundância e a todas as riquezas do planeta em minha vida. • Eu agradeço ao Universo por toda a prosperidade que eu tenho hoje. • Eu estou empolgado para ver de onde virá mais dinheiro. • A abundância e a prosperidade são meu direito de nascença. • Eu mereço ser rico. • Eu pretendo que o dinheiro flua para mim hoje. • Eu digo SIM à liberdade financeira para mim e para todos a meu redor. • Eu estou aberto à possibilidade de que o dinheiro possa fluir para mim de todas as direções. • O mundo nunca foi tão rico, e eu estou recebendo ainda mais dessas riquezas. • A liberdade financeira depende de mim – eu a escolho para mim. • Eu me abro para a possibilidade de ter boa sorte. • O Universo está constantemente fornecendo toda a abundância de que necessito para uma vida plena e feliz. • Prosperidade, afluência, riqueza, fortuna, abundância e liberdade financeira estão naturalmente disponíveis para mim enquanto eu me concentrar mentalmente nelas. • Eu tomei uma decisão – "SIM, SIM, SIM" – em relação a mais dinheiro. • Permito que o dinheiro, em todas as suas formas, flua continuamente para minha vida. • O Universo recebeu meu pedido de mais dinheiro e fará com que ele apareça para mim. • Uma enorme riqueza está disponível para mim o tempo todo – eu me abro para recebê-la. • Sim, eu posso alcançar a liberdade financeira. • Eu recebo depósitos de dinheiro inesperados. • Com as palmas das mãos voltadas para cima, dou as boas-vindas ao dinheiro que entra em minha vida. • O dinheiro está fluindo para mim. • Eu me dou permissão para ter todas as coisas que desejo. • Este é exatamente o momento certo para eu ser rico. • Eu tenho o que é preciso para ter sucesso. • Eu dou as boas-vindas à prosperidade, à saúde e à felicidade em minha vida. • Dinheiro CRESCE em árvore. • O dinheiro é ilimitado; assim como o ar e o céu, ele está em toda parte. • Não preciso ser rico para ser feliz, mas preciso ser feliz para me tornar rico. • Eu estou atraindo todo o dinheiro de que preciso para viver minha vida mais plena. • O dinheiro está constantemente aparecendo em minha vida de maneiras inesperadas. • Sou um ímã de dinheiro. • É claro que posso ser financeiramente livre. • O dinheiro vem até mim de muitas fontes. • Eu estou tomando uma decisão consciente de ter liberdade financeira agora. • O dinheiro nunca para de fluir para mim. • Eu atraio riqueza sem esforço. • Eu sou generoso, e o Universo me retribui cem vezes mais. • Eu sempre tenho dinheiro suficiente para tudo o que quero fazer nesta vida. • Quanto mais compartilho minha riqueza, mais ela cresce. • Eu sou um canal para o fluxo de abundância da vida. • O dinheiro pertence a mim. • Eu estou aberto a receber ainda mais abundância em todas as áreas da minha vida. • Eu ganho dinheiro enquanto durmo. • Eu sou muito grato por poder compartilhar minha riqueza com outras pessoas. • A decisão de ter liberdade financeira é tão simples quanto a decisão de comprar leite no supermercado. • Eu sei que sou digno de riqueza neste momento, exatamente como sou. • Eu gosto da liberdade que o dinheiro traz para a minha vida diária. • Sou um criador de riqueza. • Eu sou abençoado com abundância todos os dias da minha vida. • Eu gosto da liberdade financeira. • Eu sou grato por receber todo o dinheiro de que preciso. • Minha conta bancária está cheia, meu coração está cheio e minha vida está cheia. • Eu sei como aproveitar o fluxo Universal de abundância ilimitada. • A riqueza é uma bênção que enriquece minha vida diária. • A liberdade financeira não é apenas possível, ela está aqui agora. • Eu sorrio com gratidão quando penso na abundância em minha vida. • O dinheiro flui para mim com tanta facilidade que posso comprar tudo o que quiser. • Obrigado pela riqueza que um dia desejei. • O Universo quer me dar tudo o que eu desejo. • Eu deixo de lado toda e qualquer crença que não esteja alinhada com minha liberdade financeira. • Uma vida plena e rica é um direito inato de todo ser humano. • Eu agradeço por ser rico, saudável e feliz, e por minha vida ser regida pela ordem divina. • Dinheiro, dinheiro, dinheiro, manifeste-se aqui e agora em abundância. • Todos os dias são prósperos para mim; todas as situações são prósperas para mim.

• Sempre tenho muito mais dinheiro do que preciso. • A abundância preenche minha vida todos os dias e de todas as formas. • Eu mereço todas as riquezas que desejo. • O Universo quer que todos vivam em abundância. • Sou financeiramente independente hoje e sempre. • Eu ordeno que todas as portas e todos os canais financeiros se abram para mim, fluindo abundância infinita. • Eu sempre recebo todo o dinheiro de que preciso para viver uma vida plena. • Eu me afasto de qualquer dúvida e mantenho firmemente minha liberdade financeira. • Agora é o momento perfeito para que o dinheiro flua para mim em abundância. • Estou animado com todas as maneiras pelas quais o dinheiro chega até mim. • Quanto mais dinheiro eu compartilho e dou, mais dinheiro flui para minha conta bancária. • Grandes somas de dinheiro chegam a mim sem esforço. • Sou um só com as riquezas infinitas de meu verdadeiro ser. • Eu confio no poder divino para me cercar de abundância. • É meu direito de nascença ser rico, bem-sucedido e feliz. • É uma sensação muito boa ser financeiramente livre. • Adoro minha vida abundante! • A Inteligência Infinita me enche de sabedoria, sucesso e prosperidade o tempo todo. • Somente o melhor chega até mim, não importa onde eu esteja ou o que esteja fazendo. • Desconsidero todo o medo de não ter o suficiente. • Muito mais dinheiro fluirá neste ano do que em qualquer outro. • A Inteligência Infinita me guia todos os dias na direção da felicidade, da prosperidade e da riqueza. • O dinheiro flui para mim em grandes quantidades. • Tudo está trabalhando para o meu bem maior. • Eu sempre me perguntei qual seria a sensação de ser rico, e agora eu sei. • Eu adoro ser surpreendido por todas as maneiras pelas quais o Universo traz dinheiro para mim. • Cada real que gasto retorna para mim multiplicado. • Minha vida inteira é abundante. • Sou um ímã de riquezas e fortuna. • Consigo atrair mais dinheiro com cada pensamento que tenho. • Sou rico, rico, rico. • Nunca mais preciso me preocupar com dinheiro. • Eu só tenho pensamentos de abundância e prosperidade. • Há muito tempo que sonho em ser tão rico. • Eu afasto todos os pensamentos e crenças que não servem à minha prosperidade. • Eu estou decidido a cultivar uma mentalidade de riqueza. • A prosperidade preenche cada célula de meu corpo. • Eu sei tudo o que preciso saber para ser rico AGORA. • Eu permito que o dinheiro flua para mim em grandes quantidades. • Eu estou aberto a receber riquezas para ter uma vida plena e feliz. • Eu sempre tenho dinheiro mais do que suficiente. • Cada centavo que pago com gratidão retorna para mim multiplicado. • Eu sou mais rico do que em meus sonhos mais loucos. • Eu sou um ímã vivo de dinheiro. • Com cada pensamento abundante, atraio ainda mais dinheiro para mim. • Todos os dias estou aberto a receber dinheiro de fontes inesperadas. • Eu permito que mais dinheiro flua em minha vida mais do que nunca. • A prosperidade e a abundância de todo tipo são atraídas para mim. • Eu sou incrivelmente grato por todo o dinheiro que tive na vida. • Cada pensamento de riqueza que tenho muda minhas finanças e minha vida. • Eu libero qualquer resistência em relação ao dinheiro, para que ele flua livremente em minha vida. • Tudo está bem. • Eu permito que a felicidade e a alegria sejam meu estado predominante. • Eu estou aberto e receptivo a tudo de bom que o Universo tem a oferecer. • Mais dinheiro fluirá de volta para mim. • A cada mês, o dinheiro em minha conta bancária aumenta drasticamente. • Eu sou grato por toda quantia de dinheiro que recebo. • Minha mente é um ímã de dinheiro. • Eu já sou rico e agora estou ajustando minha mente para receber a riqueza. • Sempre que faço um pagamento, o dinheiro volta para mim multiplicado. • O dinheiro flui naturalmente para mim, assim como o ar que respiro. • Visualizar minha vida rica me deixa muito animado. • O dinheiro vem até mim de direções inesperadas. • Eu tenho o poder de criar a riqueza com que sonho. • Minha mente constantemente me brinda com pensamentos de riqueza. • Eu estou atraindo a vida rica dos meus sonhos. • Meu saldo bancário aumenta a cada dia. • Eu atraio todo o dinheiro de que preciso para tudo o que quero. • Eu sou muito grato por, finalmente, estar financeiramente livre – obrigado, obrigado, obrigado. • Eu adoro compartilhar minha riqueza com minha família e meus amigos. • O Universo está sempre cuidando de mim. • Posso ver o dinheiro fluindo para mim. • Eu sou rico, saudável e muito feliz. • Quanto mais eu dou, mais eu recebo. • Eu adoro minha vida feliz e abundante. •

Minhas finanças crescem a cada dia. • Eu tenho uma mentalidade de riqueza inabalável. • Há uma abundância ilimitada disponível para todos. • Eu mereço ter meus sonhos realizados. • Quanto mais rico e feliz eu for, mais terei para compartilhar com os outros. • Eu mereço ser rico. • A riqueza é meu direito de nascença. • Eu adoro receber dinheiro inesperado! • O Universo tem maneiras ilimitadas de trazer dinheiro para mim. • Eu estou na frequência da riqueza. • A liberdade financeira é simples. • Eu estou aberto a receber todas as riquezas que desejo. • Eu sou compatível com a riqueza. • Eu estou recebendo abundância de muitas formas diferentes. • Obrigado pela abundância pródiga que continua a me cercar e permear. • O dinheiro é atraído para mim, e eu sou atraído para o dinheiro. • Eu tenho várias fontes de renda. • Eu adoro minha vida rica! • A riqueza flui constantemente em minha vida. • Minha intenção é a liberdade financeira para mim e para todos. • O dinheiro vem para mim sem esforço. • Eu mantenho a mente focada o tempo todo na riqueza. • O Universo está cuidando de todas as minhas necessidades. • Eu sou muito grato pela riqueza que atraio todos os dias. • Meus pensamentos sobre riqueza estão mudando minha situação financeira neste momento. • Eu adoro pensar em ter muito dinheiro. • Eu sou muito grato pela riqueza com que fui abençoado. • Eu inspiro todos ao meu redor a criar riqueza por meio do poder da mente. • Eu sou merecedor de riqueza. • O Universo quer que eu seja abundante. • Eu estou concentrado na riqueza, portanto a riqueza é minha. • A sensação de ser financeiramente livre é maravilhosa. • Meus pensamentos estão constantemente voltados para a riqueza e a prosperidade. • Eu sou próspero, eu sou próspero, eu sou próspero. • Eu sou rico, eu sou rico, eu sou rico.

Agradecimentos

Esta é minha oportunidade de agradecer às pessoas maravilhosas que se reuniram para trabalhar em *Contagem regressiva para a riqueza* e contribuir com seus incríveis talentos e conhecimentos. Para todos nós da The Secret, este livro foi criado com a intenção singular de levar alegria e prosperidade à vida das pessoas.

À equipe fabulosa que compõe a The Secret, meu eterno agradecimento. Sou muito abençoada por trabalhar com cada um de vocês. Somos uma equipe que está junta há muito tempo, somos muito próximos e amamos o que fazemos; acho que isso diz tudo. Sem Skye Byrne, cujas habilidades de edição e cujo profundo conhecimento dos princípios deste livro a tornaram uma colaboradora inestimável, este livro não seria o que é. Ao produtor Paul Harrington, que trabalhou em estreita colaboração comigo nesta obra e também diligentemente com nossa pesquisadora Glenda Bell na obtenção e aquisição de permissões para todas as citações maravilhosas ao longo do livro. Juntos, eles tiveram que realizar um milagre em muito pouco tempo – e conseguiram. À equipe de marketing, que é uma força absoluta: Jason Krutzsch, Josh Gold e Paul Harrington. À equipe de design gráfico: o diretor criativo Nic George, cuja dedicação e genialidade continuam elevando o padrão com a capa e o design gráfico interno de nossos livros; e Josh Hedlund, que Nic dirigiu e com quem trabalhou lado a lado, e cuja criatividade pode ser vista em todas as páginas. Don Zyck, nosso diretor financeiro, que tem a tarefa nada invejável de administrar números e contratos, pelo que todos somos muito gratos, e que é uma parte muito querida e essencial da nossa equipe. Bob Rainone assumiu a enorme tarefa de criar o site internacional para as afirmações e, ao fazer isso, contribuiu muito para o lado técnico de *Contagem regressiva para a riqueza*, garantindo que as afirmações pudessem ser ouvidas perfeitamente em todos os países do mundo.

À nossa fantástica equipe de áudio, que trabalhou comigo na gravação das afirmações: o engenheiro Philip Rohr; a produtora Skye Byrne; e nossa incrível equipe de pós-produção, Paul Harrington, Tim Patterson e David Gild.

Minha sincera e profunda gratidão à nossa editora, HarperCollins, e a todos da HarperOne que contribuíram para *Contagem regressiva para a riqueza*. À presidente e editora da HarperOne, minha compatriota australiana Judith Curr. Nossa relação de trabalho e amizade já dura décadas, e Judith continua sendo uma das pessoas mais brilhantes e queridas para mim no mundo editorial. À vice-presidente e diretora editorial Nina Shield; à editora associada Daphney Guillaume; ao diretor de arte Stephen Brayda; à editora-chefe Suzanne Quist; à gerente de design Yvonne Chan; à gerente de produção Anna Brower; à editora de produção Crissie Molina; à preparadora Natalie Blachere; à assistente administrativa Olivia Rivera; e à revisora Amanda Irle. E à equipe de marketing e publicidade: diretora executiva de marketing Aly Mostel; diretora executiva de publicidade Melinda Mullin; diretora de marketing Julia Kent; vice-presidente e editora adjunta Laina Adler; e assistente de marketing Madeline Shean.

Aos meus amigos e familiares, pelo amor constante e apoio incondicional. Às minhas irmãs, que tanto amo: Pauline Vernon, Glenda Bell (que apoia minha jornada espiritual todos os dias como um membro querido da equipe The Secret) e Janine Child. Às famílias das minhas irmãs: George Vernon; Lisa e James Brayshaw; Brayden e Charlotte; Kim (minha sobrinha em busca da verdade) e John Wall; Paris e Chloe; Loren Bell; Brittany e Alex Tsandefskis; Eva, Ilo e Hugo, e Brad Collins. Minha família imediata: minha filha Hayley Byrne; a filha dela, Savannah; o pai de Savannah, Paul Cronin; minha filha Skye Byrne McKemy; o marido dela, Kevin (Kid) McKemy; e seus três filhos, Henley, River e Willow – todos eles são minha razão de viver.

Amizades para a vida toda são raras, por isso sou abençoada pelas amizades de Elaine Bate, Peter Byrne, Mark Weaver, Fred Nalder e Philomena Ioannidis. E as amizades espirituais que me são um tesouro absoluto, com os mestres espirituais Laura Lucille, Peter Dziuban, Hale Dwoskin, Mooji e Rupert Spira.

Sou imensamente grata por poder viver esta vida, plenamente consciente e desfrutando da maravilha da verdade todos os dias. Minha vida é dedicada a compartilhar tudo o que descubro com vocês.

SOBRE A AUTORA

Rhonda Byrne é a criadora e produtora executiva do filme *O segredo*; produtora da adaptação para o cinema *O segredo: ouse sonhar*; autora dos livros *O segredo*, *O poder*, *A magia*, *Herói*, *Como o segredo mudou minha vida*, *O maior segredo* e *O segredo para o amor, a saúde e o dinheiro: uma masterclass*; e criadora do baralho de cartas *The Secret manifestation cards*.

Rhonda nasceu na Austrália e começou a carreira como produtora de rádio antes de passar para a produção televisiva. Em 2006, seu trabalho tomou um rumo muito diferente quando ela lançou o documentário *O segredo*, que já foi visto por milhões de pessoas em todo o planeta. Em seguida, ela lançou o livro homônimo, um best-seller mundial disponível em mais de cinquenta idiomas, com mais de 34 milhões de cópias vendidas.

Após seu lançamento, em novembro de 2006, *O segredo* ficou no topo da lista de best-sellers do *New York Times* por mais de duzentas semanas e foi considerado pelo *USA Today* como um dos vinte livros mais vendidos dos últimos quinze anos. Em janeiro de 2007, Rhonda apareceu no *The Oprah Winfrey Show* com quatro professores do documentário *O segredo*. Em maio de 2007, foi reconhecida como uma das pessoas mais influentes do mundo pela revista *Time* e, pouco depois, apareceu na lista das 100 maiores celebridades da revista *Forbes*.

Em 2010, Rhonda continuou seu trabalho com *O poder*, que imediatamente se tornou outro best-seller do *New York Times*. *O poder* está agora disponível em 48 idiomas. *A magia* foi lançado em 2012 e *Herói*, em 2013. Também foi lançada em 2013 a edição em livro de *The Secret Daily Teachings*. Seu livro de 2016, *Como o segredo mudou minha vida*, apresenta uma compilação de histórias reais de leitores cuja vida foi transformada pela mensagem de *O segredo*. O livro best-seller de Rhonda em 2020, *O maior segredo*, leva os leitores além do mundo material e para o reino espiritual. Uma coleção de três audiolivros da série *The Secret Masterclass* também foi lançada em 2020 – *The Secret to Money*, *The Secret to Health* e *The Secret to Relationships*. Essas masterclasses foram então lançadas como livro em 2022, intitulado *O segredo para o amor, a saúde e o dinheiro: uma masterclass*. Rhonda atuou como produtora do filme de 2020, *O segredo: ouse sonhar*, baseado em *O segredo*. O filme é estrelado por Katie Holmes, Josh Lucas e Jerry O'Connell. Em 2023, foi lançado *The Secret manifestation cards* – um baralho de 65 cartas bonitas e inspiradoras baseadas nos ensinamentos originais de manifestação de *O segredo*.

Para mais informações sobre
o trabalho de Rhonda Byrne,
visite THESECRET.TV

Este livro foi impresso pela Ipsis, em 2025,
para a HarperCollins Brasil.
O papel do miolo é Offset $80g/m^2$
e o da capa é Couchê fosco $150g/m^2$.